Y a-t-il un médecin dans la salle?

Jérôme DUBOIS

Éditions ART ET COMÉDIE
3, rue de Marivaux
75002 PARIS

Tous droits de reproduction, d'adaptation
et de traduction réservés pour tous pays
ISBN : 978-2-84422-822-2
© Éditions théâtrales ART ET COMÉDIE 2011

Note de l'auteur

L'écriture de cette pièce m'a été guidée par l'obsession de créer la surprise dans le public. Un coup de théâtre que même le plus aguerri des spectateurs ne puisse soupçonner pour que le souvenir de cette comédie reste intarissable dans la mémoire de ceux qui l'ont vue !

JÉRÔME DUBOIS

Personnages

L'ACTEUR : Un homme, genre aristocrate.

L'ACTRICE 1 : Une femme, enceinte. Même genre que le rôle tenu par l'acteur.

L'ACTRICE 2 : Une femme, pas très à l'aise. Elle joue le rôle de la bonne au début, donc tenue de soubrette. Puis elle porte une tenue plus classique pour le rôle de la maîtresse de Monsieur.

MARGUERITE : La femme de ménage, pas commode du tout. Elle porte une blouse.

METTEUR EN SCÈNE : Un homme ou une femme.

LA MAQUILLEUSE : Une femme un peu pimbêche ou un homme complètement efféminé.

Pas de décor. Vu de la salle, une porte côté cour, à droite, donnant sur l'extérieur et une porte côté jardin, à gauche, donnant sur les autres pièces de la maison.

Reproduction Interdite

L'acteur, portant une valise qui paraît bien lourde, et l'actrice 1 entrent sur scène côté cour.

L'ACTRICE 1 - Inoubliable ! Tout simplement inoubliable !

L'ACTEUR - Inoubliable, oui ! Surtout pour mon transit !

L'ACTRICE 1 - La Chine est un pays extraordinaire, n'est-il pas ? Le dépaysement total !

L'ACTEUR - Mon estomac aussi a été un peu trop dépaysé !

L'ACTRICE 1 - La Chine n'a maintenant plus de secrets pour moi ! Je suis devenue incollable !

L'ACTEUR - Pas comme leur riz, il était plutôt collant, lui ! Du riz à tous les repas, je n'en peux plus ! J'ai l'impression qu'il est collé à l'intérieur maintenant, là, comme du ciment !

L'ACTRICE 1 - Un rien vous encombre, mon cher Louis…

L'ACTEUR *(posant la valise au sol)* - Et vous, de quoi vous êtes-vous encore encombrée cette fois-ci ?

L'ACTRICE 1 - Tellement de souvenirs !

L'ACTEUR - Eh oui ! Vous autres, vous ramenez des souvenirs locaux et moi je ramène des souvenirs intestinaux !

L'ACTRICE 1 - Je n'y puis rien si à chacune de nos sorties, vous terminez votre périple sur le trône !

L'ACTEUR - Qui plus est, un trône qui n'a rien de royal, vous en convenez…

L'ACTRICE 1 - J'en conviens, mon très cher Louis…

L'ACTEUR - Une semaine que je ne suis pas allé à la selle, ce n'est pas rien ! Je fais un blocage à chaque fois que l'on part de la maison ! C'est un tel désordre à l'intérieur, là !

L'ACTRICE 1 *(prise de panique)* - Et le nôtre d'intérieur, mais il est passé où ?!… Triste constatation que celle-ci : tous nos meubles ont disparu !

L'ACTEUR *(approuvant)* - Certes…

L'ACTRICE 1 - Et c'est tout l'effet que ça vous fait ?

L'ACTEUR - Ne vous alarmez pas, mon amie !

L'ACTRICE 1 - Moi qui avais trouvé là-bas la paix intérieure, je ne pensais pas trouver ici le vide intérieur !

L'ACTEUR - Ne vous alarmez pas, mon amie !

L'ACTRICE 1 - Ne vous alarmez pas, mon amie, ne vous alarmez pas ! Qu'est-ce que vous avez à me répéter toujours la même chose ? Je ne suis pas bouchée, enfin !

L'ACTEUR - Je vous rassure, c'est moi qui suis bouché… et pas des oreilles !

L'ACTRICE 1 - Un laxatif vous aidera !

L'ACTEUR - C'est que je n'en ai pas sous la main.

L'ACTRICE 1 - Et qui donc a mis la main sur nos meubles ? Ma commode Louis XV et mon fauteuil Louis XVI ?

L'ACTEUR - Heureusement votre Louis le plus précieux est là…

L'ACTRICE 1 - Lequel, mon ami ?

L'ACTEUR - Moi, enfin ! Vous me décevez !

L'ACTRICE 1 - Comment ai-je pu vous oublier, mon Louis ? Comprenez que cet épisode puisse me rendre désagréable…

L'ACTEUR - Confortez-vous car dois-je vous rappeler que nous avions mis nos meubles à l'abri des curieux le temps de notre absence.

L'ACTRICE 1 - Il est vrai ! Me voilà soulagée…

L'ACTEUR - Également. Je sens pour ma part comme un soulagement. L'heure de la délivrance est proche.

L'actrice 1 - Certes… Mais prenez donc un ouvrage, il vous aidera peut-être à accomplir le vôtre, d'ouvrage…

L'acteur - Votre humour n'a donc pas de limites, très chère… Ah! ah! ah! *(Riant maladroitement avant de sortir côté jardin.)*

L'actrice 1 *(après un court instant)* - Mais que vois-je ici? *(Et ramassant un papier par terre.)* Un télégramme destiné à Monsieur? La tentation est grande… *(Elle lit.)* « Mon tendre et bel ami, il me tarde tant que vous rentriez! Je n'ai cessé de penser à vous! Retrouvons-nous secrètement ce soir dans votre petit salon. » *(De rage, elle en fait une boule et la jette par terre.)* Monsieur a pris une maîtresse! Ah! le mécréant! *(Elle sort côté cour.)*

Marguerite traverse alors la scène d'un pas décidé en bougonnant.

L'acteur *(entrant côté jardin et découvrant la boule de papier par terre)* - Mais… De quoi s'agit-il? *(Il lit à voix basse.)* Saperlipopette! *(Il appelle, inquiet.)* Rose! Rose!

L'actrice 2 *(frappant avant d'entrer côté jardin)* - Monsieur m'a appelée? A-t-il fait bon voyage?

L'acteur - Ne parlez pas de choses qui fâchent! Autre chose : vous n'êtes pas obligée de frapper avant d'entrer! Et où donc vous étiez-vous cachée?

L'actrice 2 - J'étais aux toilettes…

Reproduction interdite

L'ACTEUR - Aux toilettes ? J'en sors à peine et je ne vous y ai point vue !

L'ACTRICE 2 - J'ai bien vu que vous ne m'aviez point vu.

L'ACTEUR - Vous étiez là ? Vous avez tout entendu alors ?

L'ACTRICE 2 - Pour ça, j'ai bien entendu les grognements de Monsieur.

L'ACTEUR - Pourquoi n'avoir rien dit ?

L'ACTRICE 2 - Je n'ai pas voulu déranger Monsieur. Vous étiez tellement concentré !

L'ACTEUR - Bien sûr que j'étais concentré ! C'est gênant, enfin ! Quand même, vous auriez pu vous manifester !

L'ACTRICE 2 - Dans notre métier, il faut savoir se faire transparent.

L'ACTEUR - Je ne comprends pas : si vous étiez là avant moi, pourquoi ne pas avoir fermé la porte à clef pour prévenir que vous y étiez ?

L'ACTRICE 2 - Monsieur m'aurait vue s'il n'avait pas éteint la lumière avant d'entrer !

L'ACTEUR - Le noir m'apaise ! Ne cherchez pas à me faire culpabiliser ! Vous êtes la bonne à tout faire, pas la bonne à tout voir !

L'ACTRICE 2 - Vous allez me congédier ?

L'acteur - Vous congédier? Arrêtez vos simagrées! En tout cas, il n'est pas utile que Madame soit au courant de notre rencontre impromptue dans les toilettes! *(Marguerite entre de nouveau sur scène, s'arrête net pour inspecter le sol et ressort rapidement, toujours en bougonnant.)* Dites-moi, ce télégramme est arrivé quand? C'est vous qui l'avez chiffonné ainsi avant de le jeter par terre?

L'actrice 2 - Ah non, je ne me permettrais pas et je ne sais pas comment il est arrivé là.

L'acteur - Pouvez-vous me dire si Madame est montée dans sa chambre?

L'actrice 2 - Je n'ai point vu Madame dans sa chambre, Monsieur.

> *L'actrice 2 s'apprête alors à sortir côté jardin mais la maquilleuse entre sur scène suivie de Marguerite, gênant le passage, en passant l'aspirateur particulièrement bruyamment.*

Metteur en scène *(se levant de la salle et montant sur scène)* - S'il vous plaît… S'il vous plaît… *(Puis plus fort.)* S'il vous plaît!

Marguerite *(coupant l'aspirateur, pas commode)* - Oui, quoi?!

La maquilleuse *(redonnant quelques retouches de maquillage sur l'acteur)* - D'abord, bien faire pénétrer la base hydratante…

Metteur en scène - Si vous pouviez reporter ça à plus tard, on est en pleine répétition, là!

MARGUERITE - Continuez, ne vous gênez pas pour moi !

LA MAQUILLEUSE - Ensuite, je pose le fond de teint avec une éponge légèrement humidifiée…

METTEUR EN SCÈNE - C'est-à-dire que vous encombrez la scène et…

LA MAQUILLEUSE - Et pour finir, j'applique un anti-cernes.

MARGUERITE - C'est que j'ai du travail, moi !

METTEUR EN SCÈNE - Nous aussi, qu'est-ce que vous croyez ! Les comédiens ont déjà du mal à s'imprégner du texte ! S'il vous plaît, débarrassez le plancher, maintenant !

MARGUERITE - Justement, je débarrasse le plancher de ses poussières !

LA MAQUILLEUSE - Et vous voilà débarrassé de vos petites imperfections !

MARGUERITE - Qu'est-ce que vous croyez, que je m'amuse ?!

METTEUR EN SCÈNE - Parce que nous, on s'amuse peut-être ?!

MARGUERITE - Y en a tout l'air !

LA MAQUILLEUSE - Vous avez meilleure mine comme ça ! Il a meilleure mine comme ça, hein ?

METTEUR EN SCÈNE - Soyez compréhensive… La première est dans quelques minutes, repassez plus tard !

Reproduction Interdite

Marguerite se résigne donc à sortir alors que l'actrice 1 entre, certainement intriguée par ce qu'il se passe.

LA MAQUILLEUSE *(s'adressant à l'acteur en finissant de le maquiller)* - Ah ! au fait, votre femme vous fait savoir qu'elle sera certainement très en retard pour la première !

METTEUR EN SCÈNE - Nous aussi on va être en retard si ça continue ! Mais, avant de reprendre, faisons un point. Cette pièce n'est pas une comédie, elle n'est pas destinée à faire rire ! Vous la jouez grand guignolesque, là ! Vous me la faites drolatique alors qu'il s'agit d'une pièce dramatique ! Mettez-y les formes, enfin !

L'ACTEUR - Question dramaturgie, j'ai vu mieux ! Franchement, le texte, il est naze !

METTEUR EN SCÈNE - Je suis désolé mais le texte n'est pas naze du tout ! Il est juste… *(Il cherche.)*… juste… *(Réalisant, à l'actrice 1.)* Il est juste impressionnant votre ventre…

L'ACTRICE 1 - J'y peux rien si je suis enceinte !

LA MAQUILLEUSE - Il me semblait bien que vous aviez les traits fatigués ! Je vais arranger ça !

METTEUR EN SCÈNE - Plus tard, plus tard… *(Inquiet.)* Vous êtes enceinte, le jour de la première ?

L'ACTRICE 1 - Ça fait un petit moment déjà, je vous rassure…

METTEUR EN SCÈNE - Oui, mais, quand même… C'est pour quand ?

L'ACTRICE 1 *(sur le ton de l'ironie avant de sortir côté cour)* - J'espère pas pour ce soir en tout cas…

LA MAQUILLEUSE - Imaginez un instant qu'en plein milieu de la pièce, madame ressente des contractions à répétition !

METTEUR EN SCÈNE *(soucieux et un peu chamboulé)* - Allons, un peu de sérieux… Et reprenons la répétition, vite ! *(Il reste dans un coin sur le devant de la scène, accompagné de la maquilleuse. L'actrice 2, elle, sort côté jardin. Un court instant où il ne se passe rien.)* Eh bien, c'est à la maîtresse de Monsieur d'entrer maintenant !… Elle entre en scène ou pas ?

LA MAQUILLEUSE - On dirait bien que non !

METTEUR EN SCÈNE *(hors de lui)* - C'est pas possible ! Elle nous lâche le soir de la première ?!

LA MAQUILLEUSE - Elle m'avait confié qu'elle trouvait son rôle trop court, ne la mettant pas assez en valeur !

METTEUR EN SCÈNE - Trop court ? Des caprices de star, oui !… Bon, je la remplace le temps de trouver une solution.

LA MAQUILLEUSE *(insistante)* - Oh non ! Moi ! Moi ! Moi ! Moi ! Moi ! S'il vous plaît ! Moi ! Moi ! Moi ! Moi ! Moi !

METTEUR EN SCÈNE - Mais non, vous n'avez pas le profil pour ce rôle, je vous assure…

Il sort côté cour alors que la maquilleuse, elle, sort déçue côté jardin.

L'ACTEUR - Ma belle tourterelle, vous vous risquez à venir jusqu'à moi ! *(Le metteur en scène entre sur scène côté cour. L'acteur tend exagérément l'oreille.)* On vient ! Peut-être Madame ! Vite, partez !

Le metteur en scène sort rapidement côté cour.

L'ACTRICE 2 *(entrant côté jardin, portant un plateau avec une tasse et une cuillère)* - Monsieur, Madame n'est toujours pas montée dans sa chambre et je vous ai fait un thé. *(Elle laissera à l'acteur le temps de prendre la tasse, remuer avec la cuillère, et boire une gorgée.)* Vous et moi, tous les deux, c'est d'un romantisme… *(Elle se fait entreprenante.)*

L'ACTRICE 1 *(entrant côté cour suivie du metteur en scène)* - Je sais tout ! J'ai tout entendu ! Non seulement vous avez pris une maîtresse, mais vous roucoulez avec la bonne dans mon dos ! Je vous quitte !

METTEUR EN SCÈNE - J'ai tout entendu également ! Je me serais donc trompée sur vos sentiments, alors ? Je vous quitte également !

L'ACTRICE 2 - Et moi je vous quitte aussi !

L'ACTEUR - Mais non, vous ne me quittez pas ! Au contraire, il est écrit dans le texte que vous me sautez dans les bras, là !

L'ACTRICE 2 - Je suis pétrifiée par le trac ! J'abandonne, désolé… Y en a qui ont la phobie des araignées ou des serpents, ben moi c'est du public, c'est comme ça !

Reproduction Interdite

Metteur en scène - On n'est pas phobique du public quand on est acteur, enfin ! C'est impossible, ça !

L'actrice 1 - On annule ?

Metteur en scène - Impossible, je vous dis ! Toutes les places ont été vendues ! On affiche complet ! Il n'est pas question de rembourser ! Jamais je ne renoncerai ! Vous entendez ? Jamais ! À chaque problème, il existe une solution, croyez-moi !

La maquilleuse *(entrant pour redonner quelques retouches sur l'actrice 1)* - Vous auriez dû me dire que vous étiez enceinte. J'ai à la maison une crème miraculeuse pour redonner un effet bonne mine !

L'actrice 1 - Vous avez qu'à dire que j'ai une sale tête !

La maquilleuse - Ne soyez pas susceptible, j'essaie juste de vous arranger…

L'actrice 1 - Si vous voulez m'arranger, c'est bien que vous ne me trouvez pas présentable !

Metteur en scène - Ce qui m'arrangerait, moi, c'est que vous la mettiez un peu en veilleuse ! J'aimerais réfléchir en silence, merci !… *(À l'actrice 2.)* Je ne peux pas faire mieux que de vous proposer le rôle de la maîtresse de Monsieur avec très peu de texte et de brèves apparitions… Par contre, il va falloir vous trouver au pied levé une remplaçante pour le rôle de la bonne maintenant !

LA MAQUILLEUSE *(insistante une fois de plus, limite énervante)* - Moi ! Moi ! Moi ! Moi ! Moi ! S'il vous plaît ! Moi ! Moi ! Moi ! Moi ! Moi !

METTEUR EN SCÈNE - Mais non, vous n'avez pas non plus le profil pour ce rôle, je vous assure…

> *Marguerite entre alors sur scène, aspirateur à tue-tête. Le metteur en scène lui tape dans le dos. Marguerite se retourne. On voit le metteur en scène lui dire quelques mots et elle, lui répondre mais on n'entend rien avec le bruit de l'aspirateur. Le metteur en scène finit par l'arrêter.*

MARGUERITE - Ah non ! Je vous demandais justement de ne pas toucher à l'aspirateur !

METTEUR EN SCÈNE - Et moi je vous demandais si vous aviez déjà fait du théâtre ?

MARGUERITE - Du quoi ?

METTEUR EN SCÈNE - Du théâtre !

MARGUERITE - Jamais entendu parler… C'est quoi c't'affaire ?

METTEUR EN SCÈNE - Il s'agit de spectacles dans lesquels des acteurs, mis dans les circonstances et les situations créées par un texte et la vision d'un metteur en scène, incarnent des personnages pour un regard extérieur dans un temps et un espace limités.

MARGUERITE *(réfléchissant un temps)* - Vous pouvez répéter ?

METTEUR EN SCÈNE - Justement. Comme vous n'avez pas eu le temps de répéter, je vous conseille vivement de prendre connaissance du texte immédiatement! *(Il le lui remet.)*

MARGUERITE - Ben mes aïeux, ça en fait des pages!

METTEUR EN SCÈNE - Et ne changez rien à votre déguisement! On est pressé! Le temps que vous vous déshabilliez encore…

MARGUERITE - Mon déguisement? C'est pas un déguisement! C'est ma blouse de travail! Et pourquoi voulez-vous que je me déshabille? Ah! j'y suis : comme à la télé, c'est un de ces rôles où il faudra se mettre toute nue!

LA MAQUILLEUSE - Ouh! Qu'elle est nu… nuche!

MARGUERITE - Je ne suis pas contre, vous savez… Et puis, je suis plutôt bien conservée pour mon âge, le public appréciera.

METTEUR EN SCÈNE - Allez donc plutôt apprécier le texte! Plus vite vous vous imprégnerez de votre personnage et plus vite vous vous intégrerez dans la pièce, croyez-moi!

MARGUERITE *(avant de sortir)* - Plus vite! Plus vite! J'ai le temps d'aller pisser un coup quand même?

LA MAQUILLEUSE *(au metteur en scène, énervée)* - Parce que elle, elle a un bon profil, peut-être! En tout cas, question maquillage, y a du boulot! Gros chantier! Limite

Reproduction Interdite

ravalement de façade ! Je vous le dis tout de suite : je ne fais pas de miracles !

METTEUR EN SCÈNE - Pas le temps pour un lifting ! Laissons-la dans son jus ! Comme les vieilles bagnoles !

LA MAQUILLEUSE *(s'adressant à l'acteur)* - Ah, au fait, pendant que j'y pense, du coup, votre femme vous fait savoir qu'elle ne viendra pas du tout pour la première, elle a la migraine !

L'ACTEUR - Comme c'est bizarre, elle n'a jamais fait de migraine, c'est une première également !

METTEUR EN SCÈNE *(regardant sa montre)* - Parfait !

L'ACTEUR - Parfait ? Vous vous réjouissez que ma femme devienne migraineuse le soir de la première ?

METTEUR EN SCÈNE - Pas du tout ! Je constatais qu'il nous restait encore assez de temps pour répéter quelques scènes ! Reprenons à l'endroit où vous appelez Rose. Tout le monde en place maintenant, merci !

L'actrice 1 et l'actrice 2 sortent ensemble, alors que la maquilleuse accompagne comme à son habitude le metteur en scène dans un coin sur le devant de la scène.

L'ACTEUR *(après un court temps de concentration)* - Rose ! Rose !

METTEUR EN SCÈNE *(voyant qu'elle n'arrive pas)* - Eh bien ! Qu'est-ce qu'elle fout ?… On vous appelle ! Qu'est-ce que vous attendez pour entrer ?

MARGUERITE *(entrant côté jardin)* - J'ai pourtant rien entendu…

LA MAQUILLEUSE *(se mêlant certainement de ce qui ne la regarde pas)* - Mais si ! Il a appelé comme ça : « Rose ! Rose ! »

MARGUERITE - Ah ! mais c'est pour ça : je m'appelle pas Rose !

L'ACTRICE 1 *(entrant)* - Rose, c'est le prénom du personnage que vous incarnez, enfin ! *(Elle restera sur scène, s'amusant de la situation.)*

MARGUERITE - Ah oui ? Ben, j'aime pas trop ! J'avais une vieille tante qui s'appelait Rose et elle était plutôt du genre dérangée !

LA MAQUILLEUSE - C'est donc un gène de famille, tout s'explique…

METTEUR EN SCÈNE - Comment vous appelez-vous ?

MARGUERITE - Marguerite Choux ! Ou Choux Marguerite, comme vous voulez !

LA MAQUILLEUSE - Vous l'avez échappé belle, un peu plus et vous vous appeliez Choux-fleur !

MARGUERITE *(qui n'a pas saisi)* - Pardon ?

METTEUR EN SCÈNE *(coupant net et conciliant)* - Marguerite ! Très bien, vous vous appellerez donc Marguerite dorénavant ! *(Marguerite sort côté jardin.)* Je pense que personne n'y voit d'inconvénient ! Alors reprenons, vite !

LA MAQUILLEUSE - Elle est un peu fanée la marguerite, hein !

L'ACTEUR *(appelant)* - Marguerite ! Marguerite !

Marguerite entre sur scène côté jardin, portant le plateau où elle a mis le texte de la pièce. Elle met ses lunettes et commence à lire et même les didascalies.

MARGUERITE - Frappant avant d'entrer. Monsieur m'a appelée ? A-t-il fait bon voyage ?

METTEUR EN SCÈNE *(catastrophé)* - Stop ! Je ne suis pas sûr d'avoir bien entendu ! Que venez-vous de dire là ?

MARGUERITE *(répétant, imperturbable)* - Frappant avant d'entrer. Monsieur m'a appelée ? A-t-il fait bon voyage ?

METTEUR EN SCÈNE - C'est bien ce qu'il me semblait ! J'ai bien entendu ! Vous lisez les didascalies !

L'ACTRICE 1 - Elle lit les didascalies ?!

LA MAQUILLEUSE - On ne lit pas les didascalies, enfin !

METTEUR EN SCÈNE - Les annotations entre parenthèses vous indiquent les attitudes à prendre, les comportements à adopter ! En aucun cas il ne faut lire les didascalies ! Reprenons ! *(Regrettant qu'elle ne sorte pas.)* Alors, vous allez rester plantée là longtemps ? Sortez et attendez qu'on vous appelle ! Vite !

MARGUERITE - Justement, si j'étais déjà là, on gagnerait du temps.

Reproduction Interdite

METTEUR EN SCÈNE - Il est écrit entre parenthèses : « Frappant avant d'entrer. » « Entrer », ça signifie que vous arrivez de l'extérieur, non ? Lisez les didascalies, enfin !

MARGUERITE - Mais enfin, vous m'avez dit de ne pas les lire !

METTEUR EN SCÈNE - À voix haute ! Par contre, si vous lisez les didascalies à voix basse, vous remarquerez également qu'il est indiqué : « Frappant... » Et vous, vous n'avez pas frappé donc la réplique de Monsieur qui va suivre n'aura aucun sens puisqu'il vous invite à ne pas le faire ! Vous m'avez compris ?

Marguerite reste alors plantée quelques instants soucieuse et indécise devant cette porte et frappe avant de sortir.

METTEUR EN SCÈNE - Qu'est-ce que vous faites ?

MARGUERITE - J'frappe !

LA MAQUILLEUSE - C'est elle qui est frappée, frapadingue même !

L'ACTRICE 1 - On frappe pour entrer mais pas pour sortir !

MARGUERITE - Alors on ne frappe pas pour sortir ? Et pourquoi ?

METTEUR EN SCÈNE - C'est comme ça.

MARGUERITE - Pourtant, j'sors d'ici, j'frappe pas, mais j'rentre là, alors j'frappe.

Metteur en scène - Vous n'allez pas frapper pour entrer en coulisse, enfin !

Marguerite, troublée, sort alors côté jardin.

L'actrice 1 - C'est une question de bon sens, pourtant !

La maquilleuse - En même temps, le bon sens, c'est pas ce qui l'embarrasse le plus !

Metteur en scène - Continuons, s'il vous plaît…

L'acteur *(ne se rappelant plus du prénom, perturbé par ce qu'il se passe)* - Jacinthe ! Jacinthe !… Capucine ! Capucine !… Lilas ?… Violette ?… Je suis tout chamboulé, moi !

Metteur en scène - Vous n'allez pas vous y mettre vous aussi ! Reprenez-vous, allons !

L'acteur *(faisant mine de se concentrer)* - … Marguerite ! Marguerite !

Marguerite *(frappant donc et plutôt fort, avant d'entrer sur scène côté jardin et lisant)* - Monsieur m'a appelée ? A-t-il fait bon voyage ?

L'acteur - Ne parlez pas de choses qui fâchent ! Autre chose : vous n'êtes pas obligée de frapper avant d'entrer !

Marguerite *(le coupant net, décontenancée)* - Faudrait savoir ! Je frappe ou pas ? Je ne sais plus qui croire, là !

La maquilleuse - Croyez-moi, vous n'êtes pas faite pour ce rôle, et pour aucun autre d'ailleurs…

METTEUR EN SCÈNE - Tout à l'heure, je vous disais, la réplique de Monsieur qui va suivre n'aura aucun sens puisqu'il vous invite à ne pas le faire ! À ne pas frapper, donc !… Et puis, vous pouvez quitter le texte des yeux un peu ! Ça devrait commencer à rentrer maintenant !

MARGUERITE - C'est pas le tout que ça rentre, c'est qu'il faut pas que ça ressorte après !

METTEUR EN SCÈNE - C'est ce qu'on appelle la mémoire, et au théâtre c'est primordial ! Même si, quelquefois, la mémoire fait défaut et alors le souffleur prend le relai.

L'ACTRICE 1 - À la limite, on lui demande juste d'entrer sur scène et d'ouvrir la bouche ! Le souffleur donnera les répliques des coulisses ! On aura l'illusion qu'elle parle ! Le public n'y verra que du feu !

METTEUR EN SCÈNE - Essayez pour voir ! Ouvrez la bouche pendant que je parle… *(Détachant bien les syllabes alors que Marguerite ouvre grand la bouche.)* Mon-sieur m'a a-ppe-lée ? A-t-il fait bon vo-yage ?

LA MAQUILLEUSE - On a plutôt l'impression qu'elle bâille, là !

L'ACTRICE 1 - Ce serait quand même mieux si elle bougeait un peu les lèvres !

METTEUR EN SCÈNE - Lisez le texte pour l'instant, on avisera plus tard !

MARGUERITE *(reprenant)* - Monsieur m'a appelée ? A-t-il fait bon voyage ?

Reproduction Interdite

L'ACTEUR - Ne parlez pas de choses qui fâchent !
Autre chose : vous n'êtes pas obligée de frapper avant
d'entrer ! Et où donc vous étiez-vous cachée ?

MARGUERITE *(en voyant l'aspirateur)* - Ah ! ben tiens,
mon aspirateur est resté là !

L'ACTEUR *(répétant, agacé)* - Justement ! Ne parlez
pas de choses qui fâchent ! Autre chose : vous n'êtes pas
obligée de frapper avant d'entrer ! Et où donc vous
étiez-vous cachée ?

METTEUR EN SCÈNE - Le texte ! Le texte, enfin !

MARGUERITE - Oui, oui… Monsieur m'a appelée ?
A-t-il fait bon ménage ?

METTEUR EN SCÈNE - Bon ménage ? Qu'est-ce que
ça veut dire ?!

MARGUERITE - Comme on venait de parler d'aspirateur avant, j'ai… Mais je vais recommencer, attendez…

METTEUR EN SCÈNE - Attendez ! Autre chose, la
pièce ne se résume pas à : « Monsieur m'a appelée ?
A-t-il fait bon voyage ? » Si vous baissez un peu les
yeux, vous verrez qu'il y a une suite au texte… Donc
Monsieur vous a demandé où vous étiez cachée.

MARGUERITE *(se plongeant dans la pièce et débitant le
texte ; consternation des autres)* - J'étais aux toilettes…
Aux toilettes ? J'en sors à peine et je ne vous y ai point
vue ! J'ai bien vu que vous ne m'aviez point vue. Vous
étiez là ? Vous avez tout entendu alors ? Pour ça, j'ai
bien entendu les grognements de Monsieur. Pourquoi

n'avoir rien dit ? Je n'ai pas voulu déranger Monsieur. Vous étiez tellement concentré ! Bien sûr que j'étais concentré ! C'est gênant, enfin ! Quand même, vous auriez pu vous manifester ! Dans notre métier, il faut savoir se faire transparent. Je ne comprends pas : si vous étiez là avant moi, pourquoi ne pas avoir fermé la porte à clef pour prévenir que vous y étiez ? Monsieur m'aurait vue s'il n'avait pas éteint la lumière avant d'entrer ! *(S'arrêtant pour tourner la page.)*

L'acteur - Ah ! j'ai eu peur que vous ne me laissiez plus parler !

Metteur en scène - Stop ! Vous n'êtes pas toute seule, enfin ! Vous faites un monologue, là !

L'actrice 1 *(ironique)* - On voit qu'elle a l'habitude de causer toute seule !

La maquilleuse - Moi je crois plutôt qu'elle se la pète déjà, oui !

Metteur en scène - Le théâtre s'écrit sous forme de dialogues. Ce qui sous-entend qu'il y a discussion entre deux ou plusieurs personnes ! Continuez !

L'acteur - Le noir m'apaise ! Ne cherchez pas à me faire culpabiliser ! Vous êtes la bonne à tout faire, pas la bonne à tout voir !

Marguerite - Vous allez me congeler ?

L'acteur *(réfléchissant quand même un peu sur ce qu'il vient d'entendre)* - Si je vais vous congeler ? Attendez voir… Ah ! j'y suis : vous congédier !

Reproduction Interdite

LA MAQUILLEUSE *(au metteur en scène)* - Justement, moi à votre place je la renverrais illico presto à ses balais !

METTEUR EN SCÈNE *(à Marguerite)* - Ne déformez pas les mots ! Un peu de concentration, merci…

L'ACTEUR *(reprenant)* - Vous congédier ? Arrêtez vos simagrées ! En tout cas, il n'est pas utile que Madame soit au courant de notre rencontre impromptue dans les toilettes !

MARGUERITE *(perdue dans le texte)* - Alors, j'en étais où, moi… Ah non, je ne me permettrais pas et je ne sais pas comment il est arrivé là.

L'ACTEUR - Pardon ?

MARGUERITE - Je répète : Ah non, je ne me permettrais pas et je ne sais pas comment il est arrivé là.

L'ACTEUR *(remettant les répliques dans l'ordre, nerveux)* - Dites-moi, ce télégramme est arrivé quand ? C'est vous qui l'avez chiffonné ainsi avant de le jeter par terre ?

MARGUERITE *(fort, énervée)* - Je viens de vous le dire : Ah non, je ne me permettrais pas et je ne sais pas comment il est arrivé là.

L'ACTEUR - Forcément ! Si elle répond aux questions avant qu'on ne les lui pose, aussi ! Moi je ne réponds plus de rien !

MARGUERITE - Qu'est-ce que j'ai fait encore ? Je vous assure que je m'applique !

Metteur en scène - Appliquez-vous et impliquez-vous !

Marguerite - Je fais de mon mieux, je vous le jure…

La maquilleuse - Et pourtant, on ne peut pas faire pire !

Metteur en scène - Continuons ! Pressons ! Vite !

L'acteur - Pouvez-vous me dire si Madame est montée dans sa chambre ?

Marguerite - Je n'ai point vu Monsieur dans sa chambre, Madame.

L'acteur *(très nerveux)* - Vous êtes en train de me dire que vous n'avez pas vu Madame dans sa chambre, c'est bien cela ?

Marguerite - Tout à fait. Je n'ai point vu Monsieur dans sa chambre, Madame.

L'acteur *(agacé)* - Vous ne comprenez donc pas le sens des phrases ? Vous ne pensez pas un mot de ce que vous dites en fait !

L'actrice 1 - De quelle planète venez-vous ?

La maquilleuse - Vous êtes impressionnante ! Unique !

L'acteur - Vous me dites : « Je n'ai point vu Monsieur dans sa chambre, Madame. » Qu'est-ce que vous voulez que je vous réponde ? Vous vous adressez à moi en m'appelant Madame !

Metteur en scène - Je veux bien qu'on vous ait prise un peu au dépourvu, certes ! Mais lisez le texte tel qu'il est écrit au moins !

L'actrice 1 - De toute évidence, elle fait un blocage…

La maquilleuse - Elle débloque, je vous dis !

Metteur en scène *(lui indiquant le côté)* - Et maintenant, vous sortez côté jardin.

Marguerite *(riant aux éclats)* - Je peux vous assurer qu'il n'y a pas de jardin de ce côté-ci !

Metteur en scène - Dans le vocabulaire théâtral, le côté jardin désigne le côté gauche de la scène vu de la salle, par opposition au côté cour.

Marguerite - Si faut que je me retourne à chaque fois pour me mettre dans le sens du public pour savoir de quel côté sortir !

L'actrice 1 - Pas besoin de vous retourner, le côté jardin est toujours du même côté, à votre droite !

Marguerite - Elle a dit qu'il était à gauche !

La maquilleuse - À la gauche du public, oui !

Marguerite - Il ne serait pas plus simple de dire « sortez à droite » ou « sortez à gauche » ?

Metteur en scène - Non, parce que si je vous dis « sortez à gauche », vous allez sortir à votre gauche mais pas à la mienne ! Alors que, quand on dit « côté jardin », c'est toujours du même côté. Vous me suivez ?

MARGUERITE - J'aimerais bien vous suivre là, mais je vous avoue que j'ai jamais eu autant de difficultés à aller au jardin qu'avec vous !

METTEUR EN SCÈNE - Jardin c'est toujours à votre droite et moi à ma gauche. Jardin pour moi c'est à gauche comme je regarde la scène alors que vous c'est à droite comme vous regardez le public. Si je vous disais « sortez à gauche », vous sortiriez à votre gauche donc côté cour alors qu'il faut sortir côté jardin !

LA MAQUILLEUSE - Et si elle sortait carrément de la pièce et qu'on prenne quelqu'un d'autre ? Moi, par exemple…

MARGUERITE - J'ai compris ! Je sors côté jardin à votre gauche à vous !

METTEUR EN SCÈNE - Ou plus simplement, vous sortez côté jardin à votre droite à vous ! Si ça peut vous aider, pour un acteur, le côté cour est du côté du cœur, et vous c'est de l'autre côté que vous devez sortir, côté jardin, c'est clair ?… *(Attendant une réponse qui n'arrive pas.)* Aidez-la à sortir, s'il vous plaît, qu'on en finisse… *(L'actrice 1 sort avec Marguerite côté jardin.)* La suite, pressons ! Vite !

L'ACTEUR - Ma belle tourterelle, vous vous risquez à venir jusqu'à moi ! *(Marguerite entre maintenant sur scène côté cour.)* J'ai dit : Ma belle tourterelle ! Qu'est-ce que vous faites là encore ?

Reproduction interdite

La maquilleuse - C'est vrai qu'elle fait plutôt penser à une vieille chouette !

Marguerite *(vexée)* - Pardon ?!

L'actrice 2 *(entrant côté cour)* - Mais, c'était à moi d'entrer là !

Metteur en scène *(à Marguerite)* - Pardonnez-moi, mais vous n'avez rien à faire sur scène maintenant ! *(À l'actrice 2.)* Si vous arriviez à temps aussi, ça nous éviterait ce genre de déconvenue !

Marguerite - Bon, ben, j'ai dû me tromper de ligne alors… *(Elle sort, le nez dans son texte.)*

L'actrice 2 - J'en ai marre, je suis trop nulle !

Metteur en scène - Non, non ! On ne lâche rien ! On continue…

L'acteur *(tendant exagérément l'oreille)* - On vient ! Peut-être Madame ! Vite, partez ! *(L'actrice 2 sort côté cour mais personne ne vient. Il répète, agacé.)* On vient ! Peut-être Madame !

> *Marguerite ne venant pas, il se résout à aller la chercher côté jardin.*
> *Marguerite entre enfin avec son plateau côté cour, un peu paumée, et ressort côté cour alors que l'acteur entre côté jardin pour sortir à son tour côté cour. Elle entre cette fois-ci côté jardin, ressort côté cour. Puis l'acteur entre également côté jardin pour sortir lui aussi côté cour. Elle entre à nouveau côté jardin pour ressortir côté jardin pour rentrer aussitôt poussée par l'acteur, légèrement irrité.*

METTEUR EN SCÈNE *(qui a observé la scène sans rien dire, navré)* - Mais vous faites quoi, là ? Ça va durer longtemps vos allées et venues ? Monsieur est obligé de vous courir après !

MARGUERITE - Je m'entraîne à entrer et à sortir des deux côtés ! Je vais de la cour au jardin… à moins que ce ne soit du jardin à la cour…

LA MAQUILLEUSE - En tout cas, je vous ai vue aussi aller de la cour à la cour et du jardin au jardin !

MARGUERITE - Vous voyez que j'y mets de la bonne volonté !

METTEUR EN SCÈNE - Certainement, certainement… Dépêchons-nous ! Que de bavardages barbants et inutiles !

MARGUERITE *(reprenant)* - Madame, Monsieur n'est toujours pas monté dans sa chambre et je vous ai fait un thé.

L'ACTEUR - Dans le mille, encore une fois ! Dès qu'il y a Monsieur et Madame dans la même phrase, il faut qu'elle m'appelle Madame ! C'est vexant à force ! C'est du harcèlement, elle cherche à me déstabiliser !

METTEUR EN SCÈNE - C'est ennuyeux, en effet… Contentez-vous d'apporter le thé à Monsieur… sans rien dire.

LA MAQUILLEUSE - C'est sûr, moins elle en dit, mieux on comprend la pièce !

Reproduction Interdite

Bien entendu, il n'y a pas la tasse sur le plateau, juste la petite cuillère que l'acteur prend, mal à l'aise, faisant semblant de remuer dans une tasse imaginaire avant de boire une gorgée imaginaire, elle aussi.

L'ACTEUR - Rien ne vous choque ? Vous n'auriez pas oublié quelque chose par hasard ?

MARGUERITE - Ah si ! Oui, le texte, tout de suite…

L'ACTEUR - La tasse ! Vous avez oublié la tasse ! J'ai l'air de quoi, moi ?

MARGUERITE - Vous avez l'air… tout abattu !

L'ACTEUR - Vous vous rendez compte qu'à quelques minutes de monter sur scène, c'est pas le trac qui me terrifie mais c'est elle !

METTEUR EN SCÈNE - Ne vous laissez pas déconcentrer ! D'ailleurs, je vais sortir, comme ça vous allez vous retrouver tous les deux en condition réelle ! *(Il sort avec la maquilleuse.)*

L'ACTEUR *(à Marguerite)* - Il me semble que c'est à vous de donner la réplique suivante.

MARGUERITE *(reprenant)* - Vous et moi, tous les deux, c'est d'un romantisme… Ah ! c'est maintenant !

L'ACTEUR *(inquiet)* - Quoi ? Qu'est-ce qui est maintenant ?

MARGUERITE - Eh bien, vous lisez comme moi… Enfin, je ne vais pas vous faire un dessin… La scène de nu, c'est maintenant ! *(Elle commence à déboutonner sa* *blouse. L'acteur ne sait plus où se mettre et supplie en direction des coulisses.)* Revenez! Revenez! La suite! Vite, la suite!

L'ACTRICE 1 *(entrant rapidement côté cour)* - Je sais tout! Non seulement vous avez pris une maîtresse, mais vous roucoulez avec la conne… *(Bien appuyer sur le mot « conne ».)*… dans mon dos!

MARGUERITE *(vexée)* - La quoi?!

L'ACTRICE 1 - Je vous quitte!

L'ACTRICE 2 *(entrant à son tour côté cour)* - J'ai tout entendu! Je me serais donc trompée sur vos sentiments, alors? Je vous quitte également!… C'était bien là, non? J'y ai mis le ton et tout, hein?

LA MAQUILLEUSE *(entrant)* - Ah! ça y est, j'ai compris!

L'ACTEUR - Quoi? Qu'avez-vous compris?

LA MAQUILLEUSE - Votre femme m'a laissé un dernier message pour vous et m'a fait promettre de ne vous le transmettre qu'à la fin de la répétition!

L'ACTEUR - Pourquoi avoir exigé d'attendre la fin de la répétition?

LA MAQUILLEUSE - Parce qu'elle vous fait savoir qu'elle vous quitte également!

L'ACTEUR *(effondré)* - Je savais bien qu'elle n'avait jamais fait de migraine…

MARGUERITE *(menaçante, à l'actrice 1)* - Et vous, vous m'avez traitée de quoi, tout à l'heure ?!

L'ACTRICE 1 - Toutes mes excuses mais ma langue a fourché : bonne, conne… En même temps, admettez que vous l'êtes un peu quand même.

MARGUERITE - Oh ! la garce ! *(Elles commencent à se disputer.)*

METTEUR EN SCÈNE *(entrant, démoralisé)* - Je suis éprouvé, usé… C'est un fiasco…

LA MAQUILLEUSE - Ces évènements imprévus me font plutôt penser à un coup de théâtre !

L'ACTRICE 2 *(plus préoccupée par sa personne que par ce qu'il se passe autour d'elle)* - Non mais, c'était bien alors ou pas ?

L'ACTEUR - J'ai rien senti venir. Hier soir encore on dînait ensemble, elle me disait qu'elle voulait partir, moi j'ai tout de suite pensé aux vacances, vous comprenez… Je crois que je vais aller me noyer…

L'ACTRICE 1 *(paniquée)* - Je… Je crois que je perds les eaux !

MARGUERITE - Et alors ? Il faut lui appeler un plombier à la p'tite dame !

METTEUR EN SCÈNE - Et le public qui se bouscule déjà à l'entrée, impatient d'assister à cette première ! Comment je vais leur expliquer ?

LA MAQUILLEUSE - J'espère qu'il y aura un médecin dans la salle !

METTEUR EN SCÈNE *(face au public)* - Et même si cette pièce est vouée à l'échec, elle a au moins le mérite d'avoir une fin heureuse…

RIDEAU

AVIS IMPORTANT

Cette pièce de théâtre fait partie du répertoire de la Société des Auteurs et Compositeurs Dramatiques, 11 bis rue Ballu 75442 PARIS Cedex 09. Tél. : 01 40 23 44 44. Elle ne peut donc être jouée sans l'autorisation de cette société.

Nous conseillons d'en faire la demande avant de commencer les répétitions.

ATTENTION

Aux termes du Code de la propriété intellectuelle, toute reproduction ou représentation, intégrale ou partielle de la présente publication, faite par quelque procédé que ce soit (reprographie, microfilmage, scannérisation, numérisation...) sans le consentement de l'éditeur est illicite (article L. 122-4 du Code de la propriété intellectuelle) et constitue une contrefaçon sanctionnée par les articles L. 335-2 et suivants du même Code.

Imprimé à la demande par Books On Demand GmbH, Bad Hersfeld, Allemagne

Première édition, dépôt légal : décembre 2011
N° d'édition : 201144
ISBN : 978-2-84422-822-2